_____ 님께

이 책을 드립니다.

# 지금 아니면
# 언제 해

한유경 시집

청옥

## 시인의 말

지금이 아니면 정말 언제 하겠습니까?

바쁘다는 핑계로 미뤄두고 두렵다는 이유로 못 본 척하고
익숙하다는 이유로 놓쳐버린 것들

그런 날들이 쌓여 어느 날 문득
내가 나를 잊고 사는 순간이 오더군요.

시는 어쩌면 그 순간을 붙잡는
작은 시도였는지도 모르겠습니다.

누군가는 가볍게 넘기고
누군가는 오래 머물다 가도 좋습니다.

다만 이 책이 당신의 오늘 한구석에
"지금 아니면 언제 해"
라는 조용한 물음으로 남기를 바랍니다.

## 목차

### 1부 일상의 언어

15 … 봄나물
16 … 커피를 마시다
18 … 봄밤 나들이
19 … 밀양 위양지
20 … 비밀번호
21 … 지금 아니면 언제 해
22 … 필사적으로
23 … 다듬이 소리
24 … 흔적들
25 … 기억의 용량
26 … 그땐 왜 몰랐을까
27 … 첫사랑
28 … 아픔은 어디에나 있다
30 … 수국
31 … 기침
32 … 백두산 천지
33 … 신문 기사
34 … 사그라다 파밀리아
35 … 가랑비에 젖어 드는 세상
36 … 자연에 묻다

## 2부 마음의 틈

39 … 멈추어진 엄마의 기억
40 … 삼 형제
41 … 봄날은 간다
42 … 반대편에서 걷기
43 … 날지 못하는 새
44 … 타겟 target
45 … 꿈을 꾸었다
46 … 첫눈
47 … 햇볕 좋은 병동에서
48 … 뜻대로
49 … 냉장고
50 … 십일월
52 … 거미와 당달봉사의 공생
54 … 문득
56 … 가을엔 사랑을
57 … 소중한 기억
58 … 가상화폐
59 … 떠도는 중
60 … 거미줄
61 … 다른 하늘 아래에서

## 3부  들리지 않는 목소리

65 … 생의 어디쯤
68 … 봄비 연서
70 … 한 지붕 혼자
72 … 천국일까 지옥일까
74 … 반죽
76 … 달의 이력
77 … 화장
78 … 커피
79 … 청약부금 해지
80 … 돌아앉은 의자
81 … 엄마가 필요해
82 … 시각 장애인의 다큐를 보고
84 … 마음이 흔들릴 때
86 … 그래서 어쩌라고
87 … 툇마루에 앉아 - 전화기 너머
88 … 다르다, 소통하고 싶다
89 … 삶, 쉼을 비우다 - 알츠하이머
90 … 남아 있는 나날들
91 … 불면증이 사라졌다
92 … 의령 일봉사

## 4부 시선 그리고 자아

95 … 고슴도치 할미
96 … 생각이 생각을 부른다
97 … if not now when
98 … 돈은 가짜 연금술
99 … 사라지는 내일
100 … 헤어지는 중, 지금
102 … 우리 동네
104 … 유월, 전사의 별이 지다
105 … 민낯
106 … 노화 현상
108 … 쓸쓸함에 대하여
109 … 죄의 청구서
110 … 손주의 밤
111 … 눈사람 사설
112 … 그 섬에 가고 싶다
114 … 서울역에서
115 … 이런 날
116 … 어부바
117 … 배터리 없는 관계
118 … 마음을 숨기다

## 5부 감정의 관상

121 ··· 로그아웃
122 ··· 식탁 위의 그림자
124 ··· 아무 일도 없는 저녁
126 ··· 우리 지금 만나
128 ··· 풍각쟁이
130 ··· 달의 뒷면처럼
132 ··· 괘종시계
135 ··· 간격
136 ··· 탁란
138 ··· 비 내리는 여수

139 ··· [해설] AI 의 시선으로 읽다

# 1부 일상의 언어

## 봄나물

한동안 달아났던 입맛을 찾았다
천성산 산기슭에서 만난 참나물과 머위

끓는 물에 데쳐
보리 막장에 조물조물 참기름 깨소금 솔솔
쌉싸름한 맛이 입맛을 돋운다

머위는 달래간장 양념장 만들어
쌈 싸 먹으면 밥도둑이다

## 커피를 마시다

말이 있어도 없어도 좋다
전선을 울리는 바람 소리에
커피잔을 내려놓고 창밖을 본다

해 질 녘의 차도
장례 행렬 같은 빨간 헤드라이트 불빛
어디로 향하는 것일까

서로에 대한 애잔함이 묻어 있는
커피잔을 사이에 두고
혼자 된 친구도 한 지붕 아래 사는 부부도

삶의 언저리에 슬픔을 가두어 놓고
아무렇지 않다고
괜찮다고 서로를 토닥인다

한때는 펜덤 싱어 덕후가 되어
밤새 달려 부산에서 서울까지
그때는 그러고 싶었다

단돈 만 원도 아까워 쩔쩔매던 아줌마 둘이
이젠 좀 즐겨도 되지 않을까
눈을 마주 보며 웃는다

## 봄밤 나들이

달빛 한적한 골목 끝
달님이 놀러 와 그네를 타네

동네 꼬마 심심하다 놀아달래
숨바꼭질하다 그만 잠이 들었네

성질 급한 초승달
바람결에 쪽 신 한쪽 벗어놓고

긴 밤 새댁 툇마루 한편에
살며시 벗어놓은 외씨버선

눈 밝은 시누 요리조리 살피더니
새벽바람에도 눈이 있다네

## 밀양 위양지

폭포처럼 쏟아지는 흰 꽃 물결
완재정 이팝나무꽃 눈부시게 피었네
발걸음마다 살랑이는 꽃잎

그 길 위 그대와 나
말없이 발맞춰 걷기만 해도
마음이 햇살처럼 환해져

거기 서봐 찰칵
어색한 웃음도 좋고 장난스러운 표정도 좋아
네 마음 퇴색되기 전 사진 속에 남기고 싶어

실려 오는 꽃향기
이슬처럼 사라질 짧은 봄날일지라도
네 옆이면 어디든 꽃길이야

## 비밀번호

아직 그대로
그녀가 돌아올 수 있게

개미 발소리도 들리게
내 귀는 밖을 향해 열려있다

핸드폰을 만지작거린다
그녀의 이름은 빛을 잃은 지 오래전이다

벚꽃이 지고 백일홍이 피고 지고
동백꽃이 피를 토한다

그녀의 겨울은 아직도 해빙되지 않은 채
비밀번호를 걸었다

# 지금 아니면 언제 해


내일 하지 뭐
눈을 떴다 오늘이다

내일은 사라지는 날이었어
지금 하지 않으면 언제 해

나이는 숫자지만
마음은 지나간 시간만큼 떠내려와 버렸어

사랑은 할 수 있어도
사랑해 말하기는 염치없는 나이

공부한다고 말하면 이 나이에 왜
무엇을 해도 왜라고 묻는 나이

이미 다 자라버린 떡잎
밖으로 돈다 한들 어찌하리

## 필사적으로

마음이 눕는다

게으름이 삽질을 하며 몸을 세운다
바람 든 뼈마디 사이로 앓는 소리가 나고
거친 숨소리에 헛구역질한다

밤새워 종이 위를 긁었다
잉크는 마르고 문장은 자꾸 죽었다
숨죽인 문장들 사이에서 한 줄이 숨을 쉰다

에스프레소 한 잔
스페인 낭만을 불러 세운다
밑줄 그은 책 속의 문장을 불러온다

패치워크는 실패조차 아름다운데
낱말로 겨우 그림자 하나 덧댄 글은
서툰 시詩 되어 벽에 눕는다

## 다듬이 소리

설날 아침잠을 깨우러
지난밤 꿈에 엄마가 다녀가셨다

하얀 이불깃 풀 먹여
화강암 디딤돌에 올려놓고

창호지 밖으로 비치는
잘록한 선 고운 여인의 자태

층층 시야 시집 식구들
누구 하나 손 거들어 주지 않던

빨래터 다듬이질만이
마음을 내리치다 감긴다

갈 때는 조용히 잠결에 가시더니
마당 가득 묵직하게 내려앉는 소리의 박자

말 못 할
복장 터지는 일 얼마나 많았기에

# 흔적들

꼬르륵, 귀를 막는다
따뜻한 물을 마신다, 이내 조용해진다
최고의 성형은 말라깽이 바비인형이 되는 것
낙엽이 바람에 날리듯

호리병처럼 잘록하고 싶은 욕망이 이성을 집어삼킨다
빨강 물 노랑 물 화려한 색깔만큼
찰랑거리는 물결 치마 아래 세상의 일이 벌어진다

시골 밀밭이 쓰러지던 날
울어대던 먹구름을 침묵이 묻어버렸다
산 무지개 걸쳐진 모퉁이 돌면
안개가 삼켜버린 밤나무 사이로 희멀건 허벅지

질끈 감은 두 눈에서 흐르는 눈물
순수했던 스무 살 어느 기슭을 오른다
하늘로 향한 청라 사이로
휘청거리는 마흔의 갈등이 서성인다

## 기억의 용량

점점 가벼워진다
비움이 아니라 사라진다

더러는 저장 중인 기억 한 조각이
불쑥 튀어나와 당황한다

언제였더라
이십 대를 소환한다

웃음이 나고 핸드폰의 전화번호를
아무리 뒤져도 그 이름이 없다

오늘 새로운 기억을 입력시키려
앱을 동기화시킨다

사실은
매일 동기화되고 있음을 모르고 있었다

손가락은 느리고 눈앞은 안개 속에 갇혔고
쓰다 지우고 복사해서 붙이기를 하다 삭제되고

손도 발도 머리도 따로국밥이다

## 그땐 왜 몰랐을까

계절이 날개를 달았다
언제 죽어도 이상하지 않은 나이

보고 싶은 사람 보며 살고 싶다
사십 년의 세월을 어찌 살았는지

기억되는 표정만으로도 짐작은 가
풍경소리 같았던 맑은 웃음소리

딱 한 번이라도 그저 말없이
커피 한 잔 마시고 싶은 사람

그때 왜 모른 척했을까?
나만 바라본 그 사람을

## 첫사랑

냉동고 구석에 버티고 있는 초콜릿 하나
살살 녹여 먹다
그리운 이름 하나 떠올린다

그 사람은 말없이 떠났다
2년 후 걸려 온 전화 "우리 결혼합시다
5월에 결혼했어요"…

그는 지난 가을
주머니에 넣어둔 낙엽이 되어 찾아왔고
향기 옅어진 로즈메리 가지처럼 곁에 있었다

35년 세월, 눈앞에 수채화처럼 펼쳐진 그림
무대 위 색소폰을 부는 남자
첫 키스가 떠올랐고 눈이 마주쳤다

찰나에 지나치는 눈빛만으로 알 수 있는
가끔 떠오르는 나의 그리움은
감가상각이 거꾸로 가고 있다

우린 반대편에 서서 깜빡이는 신호등만 바라본다

## 아픔은 어디에나 있다

봄날에 피는 꽃도 겨우내
싹 틔우느라 아팠다

마지막 남은 말라버린 된장은
엄마의 빈 자릴 말해준다

베란다 구석 꽃무늬 개집에는
안락사시킨 후회가 앙금처럼 남아있다

인사동에서 사 온 통나무 함지박에는
이 십 대의 청춘이 덕지덕지 붙어있다

서랍을 정리한다
버려야 할 것을 추억처럼 안고 있다

화강암 차가운 다듬잇돌에는
엄마의 힘들었던 삶이 앉아 있다

탁탁 튀면서 돌고 있는 레코드에는
칠십 연대의 낭만이 결속에 스며있다

네모난 옥수수식빵의 고소한 맛이 입천장에 녹아들고
그 맛은 세상의 어떤 슬픔도 잊게 했다

아픔이 지나칠 때마다
한 뼘씩 커져 있는 나를 본다

## 수국

미美친 여자를 닮았다
해운대 송림에 나를 풀었다

짠 내음에 손발이 젖어 들고
연분홍 청보라 흰색으로 곱게 물든 원피스

낯 뜨거운 줄 모르고 키스를 퍼붓고
심지어 끌어안고 쓰러진다

떨리는 마음 갯바람에 넘겨주며
애써 못 본 척 눈을 감는다

더 선명해지는 손끝의 흔들림
여리고 여린 잎사귀 버티다 버티다

야속한 바람은 제 갈 길 가고
아픈 유월이 소리 없이 흐느낀다

## 기침

대나무 채에 매생이 하나 걸려
작은 공기의 흐름에도 춤을 춘다
수돗물을 쏟아부어도 거꾸로 엎어도 떨어지질 않는다
손가락을 넣어 엊저녁에 먹은 약물까지 올라온다
끈적거리는 거미줄, 손에 딸려올 만도 한데 억척스레 붙어 있다
가위가 부딪치는 쇳소리에도 꿈쩍하질 않는다
뜨거운 물 한 모금 삼킨다 따끔따끔한 통증에 오히려 짜릿함을 느낀다
실낱같은 그놈은 곧 익숙해져 잠시 후 또다시 기침을 해댄다
온몸에서는 식은땀이 흐흐고 몸은 천 냥같이 무겁게 가라앉는다
잠시 일어나 빛 한 줄기 없는 방 정면을 향한다
예민한 그놈에게 화해를 청한다
잘 지내보자니 싫단다 그래 그러면 싸워보자
하루 이틀 사흘 한 달을 넘기고 있다

## 백두산 천지

꼬불꼬불 휘어진 산길 오르니
삼월의 연둣빛 어린싹이 반긴다

유월의 바람도 녹이지 못한 백색의 침묵
변덕 심한 날씨 3대가 덕을 쌓아야 모습이 드러난다는
운수 좋은 날

천지는 얼음 속에 고요히 잠들었고
슬슬 잠에서 깨어날 준비를 한다

에메랄드 물빛은 하늘에 올라
깊이를 알 수 없는 냉정과 열정이 하나로 묶인
눈에 다 담기지 않는 장엄함

대한민국 영토 태초의 숨결
눈부시고 성스러운 경관 앞에 선 놀라운 눈빛
나만의 기도를 올린다

## 신문 기사

옆집 여자 바람나다 이게 왜 뉴스가 되지
뒷집 남자 바람은 괜찮고 여자만 뉴스에 내보낼까

여자에게 맞고 사는 남자는 뉴스거리이고
여자가 맞으면 이유가 있겠지, 면죄부를 준다

독거노인이 사망하면 그런가 보다 하고
연예인이 키우던 강아지가 죽으면 기사화된다

티브이에서 공개적으로 나온 사건도
유튜브보다 신빙성이 떨어진다

## 사그라다 파밀리아


숨이 멎었다

스페인 하늘 아래 그물에 걸린 듯한 구름 사이
거대한 용의 비늘이 비를 뿌리듯
한 겁劫 한 겁劫 쌓아 올린 시간의 흔적들이 포물선을 그리며

어제와 오늘의 좌표에 가우디가 서 있다

백여 년의 시간 동안 이어지는 신의 숨결
완성을 향한 미완성의 길
지구인이 그려놓은 도회지 위 거대한 숲속 기둥들

빛의 각도 하나하나 기억되는
아침의 빛과 저녁의 빛이 흘러내리는 곳

삼종기도 소리 울려 퍼지는 대지의 한가운데
신과 인간의 약속이 만나는 경계

마음으로 만나는
나의 신은 어디에 계십니까

## 가랑비에 젖어 드는 세상


자동차 불빛 사이로 안개비는 내리고
봄을 알리는 꽃봉오리 몸살을 앓는다

꿈인가 생시인가
아스라이 보이는 실루엣 사이 물빛에 일렁이는 그림자

가랑비 소리 비닐우산 속으로 잦아들고
개나리 꽃잎 삐죽이며 고개를 내민다

이맘때쯤이면 동박새도 줄행랑치며
꽃잎 사이 숨바꼭질을 하고

자욱이 내리던 봄비는
불만스러운 소리로 강철 지붕을 투닥거린다

세상일은 뉴스의 음 소거 버튼이 되고
팽목항의 울음바다는 파도치는 법을 잊었다

## 자연에 묻다

황매산 붉은 철쭉밭에 뿌려놓은 작은 씨앗들이
봄이 되면 몸살을 앓고

반짝이는 별 무리 밤새 뒤척인다

시작도 끝도 없었던 인연의 끈을 부여잡고
나이를 거꾸로 쏟아붓는다

순천만의 갈대는 길 잃은 철새처럼 울어 재끼고
와온 만灣의 붉은 노을은 나이를 묻지 않는다

새벽 해무는 뜨겁게 달궈진 빛을 삼켜버린다

# 2부 마음의 틈

## 멈추어진 엄마의 기억

어둑어둑, 해가 지면 엄마는 골목을 서성인다

당신 나이 백수를 바라보는데 이순의 딸을 기다린다
이순의 딸은 망백의 엄마를 그린다

엄마는 딸의 그림자라도 밟을세라 가로등 아래 서지 않는다
딸은 그런 엄마가 안쓰러워 보슬비를 뿌린다

희뿌연 안개 틈새로 보이는
엄마 손에 쥐어진 노란 우산
엄마 비 올 때 검정 우산 쓰지 말아요

딸의 눈에는 엄마가 있고 엄마의 가슴에는 딸이 있다

가끔 엄마는 헛말을 하신다
엄마는 딸을 기다린다
야가 왜 이리 늦나 엄마의 기억은 그날에 멈추었다

참꽃을 보고 싶지 않은 엄마는
이 긴 겨울을 보내고 싶지 않다

딸은 화전처럼 고운 엄마를 만나고 싶다

## 삼 형제

첫 번째 다음 세 번째 앞
어느 것 하나 만족스럽지 않아
설렘도 애틋함도 없다

늘 원망스러운 누군가의 분풀이

송진처럼 끈적거린
질경이처럼 질긴
줄다리기만 하다 멈춘 이류 인생

형, 동생 사이에, 나

먹다 남겨진 찬밥 같은 존재
검정 고무신 속에서 도망간 발톱
해진 교복 속에 숨어있는 짠 내

나는 둘째다

## 봄날은 간다

비단 치맛자락보다 하늘거리는
봄날 흰나비 날갯짓

능수버들 가지 연둣빛
산자락마다 살랑이는 진달래

꽃잎이 피고 질 때마다
숨어있던 감정의 골은 색깔을 잃는다

멀리 출렁다리 아래 일렁이는 물결
흩어진 마음을 모아 줄을 세운다

다리를 휘감는 회오리는
봄날의 마음을 한 번에 삼켜버린다

생각을 버리고 마음을 비우니
봄날 햇살은 따스하고

나뭇가지 사이 그네를 타던 작은 새는
구름 위에 누워 그림을 그린다

## 반대편에서 걷기

왼편에서 걸어오는 사람들의 그림자
무심천 물결 따라 움직이는 반영
물속에서 몸부림치지만 매 한자리

허공을 날며 헛발질하는 재두루미나,
입질에 걸려든 미꾸라지 놓쳐버린 청둥오리나,
목구멍에 풀칠하기는 쉽지 않구나

졸고 있는 기둥 사이로 한 줄기 빛이 스미고

마주 걷는 사람들의 무표정
매화가 지면 울어버릴까?
벚꽃이 피면 웃어줄까?

## 날지 못하는 새

마음을 꺼내어 바람 잘 드는 빨랫줄에 널었다
하얀 햇볕 냄새가 좋다

풀 먹인 무명천처럼 꼿꼿해진 마음 자락
틈 사이로 들어온 어제의 기억이
꽈리를 틀고 빤히 쳐다본다

들켰다. 두려움 그리고 비겁함을
거미줄을 빠져나온 생채기들이
실타래처럼 얽히고설켜 목을 조여온다

## 타겟 target

바쁜 도시의 지옥에서
불확실한 내일과 오늘을 바꾼다
무거운 책가방을 짊어지고 달려도 언제나 제자리
굽어진 어깨만 눈 앞을 가린다

빈貧자의 눈빛에는
부富로 축적된 광활한 도시가 일렁이고
어둠의 도시에서는 부당함도 정의가 되는 세상

어느 한 세대가 사라지길 기다리며
역주행하는 세상을 향해
멈추어 버린 정의는 살아있는지 소리쳐 본다

거센 폭풍우에 내일이 흔들려도
작은 저항의 몸짓으로
한 손에 꽃을 쥐고 남은 손에 잡은 1인 시위
그것이 희망이 될 오늘 밤을 지새운다

## 꿈을 꾸었다

남자의 아들이 집으로 왔다
남자는 왜 아이를 보냈을까
이따 데리러 갈게
누구를 데리러 온다는 말일까

하얀색 캐딜락이 집 앞에 섰다
뒷좌석에 남자의 아내가 타고 있었다
옆에는 표정이 보이지 않는 여인이 앉아 있다
앞 좌석에 남자의 아들이 타고
남자의 눈은 운전대에 고정되어 있다

여자의 엷은 미소와 어정쩡한 눈빛에
가볍게 손을 흔들어 보였다

무표정의 여자와 긴장한 여자의 눈빛이 허공을 가른다
두려움이 엄습해 오고
무의식의 의식이 수면 위로 고개를 내민다

눈을 질끈 감았다
손에는 식은땀이 질퍽거린다

## 첫눈

스펀지케이크에 봉선화 물들 듯 스며들었다

창문 사이로 봄날의 햇빛이 내리고
꿈 날의 흰나비가 되어 아지랑이 위에 앉았다

아픈 마음에 분홍빛 꽃물이 흘러내리고
몇 해 전 떠난 엄마가 남긴 스카프에 얼굴을 묻었다

유난히 엄마가 보고 싶은 오늘
순이 엄마 영아 엄마 세상의 엄마 다 보이는데

내 엄마는 왜 그리도 빨리 떠났을까

첫눈이 내리면 꼭 안아주겠다 약속한 새끼손가락
덜 큰 아가만 덩그렇게 남겨두고

첫눈은 겨울에만 오는 것이 아니더라
문득 잠에서 깨어나 들춰본 이부자리

선홍빛 물감이 하얀 무명천을 물들였다.

## 햇볕 좋은 병동에서

하얀 회칠 벽에 앉은 검은 그림자를 마주했다
눈도 코도 입도 귀도 보이지 않는 그 존재
바람 빠진 풍선처럼 힘없이 일렁인다

나이테를 세듯 촘촘한 시간의 틈 사이를 유영하다
문득 마주친 나, 잊힌 기억의 조각들

주름진 이마 사이, 카르마의 잔재들
핏빛 눈동자에 맑은 눈물이 쏟아진다

산다는 것은 시간을 잡아먹는 솜방망이 같아

영 그램의 영혼과 한 줌의 흙이
내가 견뎌온 세월의 무게로 남아
살아있는 사람과 우연히 만나는 순간

산 자와 죽은 자의 경계에는
울음소리밖에 남지 않는다

# 뜻대로

닻을 내렸다

잔잔하게 흐르는 한적한 곳에
더러는 심한 울렁증에 세상이 돌았다
몸과 마음이 하나가 되지 못해 쓰러질 때
하나를 버리면 가벼워짐을
널뛰기가 아니라 균형 잡힌 시소가 될 수 있음을

속을 비웠다

바람구멍이 생기고 숨통이 틔었다
뜻을 버린 것이 아니라 바로 세웠다
물돛을 내리고 강풍으로 들어갔다.
정 맞지 않고 순순히 바람을 탔다
흔들림이 고요 속으로 파고들고 마음도 제자리를 찾는다

아이는 아이의 마음으로
엄마는 엄마의 마음으로
세상은 내 눈 안에 있었고
뜻은 몇몇 겹의 거죽 뒤에 숨어 세상을 보고 있다

타협이 손을 내민다

## 냉장고


얼음집을 샀다
파스텔 색조의 방문 네 개가 입을 벌린다

검은 봉투마다 사연을 숨기고 있다
가위는 왜 이곳에 왔을까

작년 추석 먹다 남은 떡국, 송편,
해 지난 자연산 고춧가루

해풍 맞았다는 코다리, 통영 굴, 파래, 매생이,
얼린 바나나, 블루베리,
투명 옷을 입히고 이름표를 붙여준다

영하 18도 말이 없다
뭐 하러 이리도 큰 것을 샀을까
휑한 방마다 외로움이 스며든다

아이가 되어 문을 열고, 닫고
나이가 들어도 새것이 좋다

## 십일월

나란히 바라보다 하나가 토라져
눈 속으로 달려간다
더 추워질 것이고
역사 안은 자리마다 못을 박고
빈 공기만 채워질 것이다

신문지 한 장보다 헌 옷 구하기 쉬운 시대
내 빈곤의 시작은 어디였을까
이제 겨우 이해되는 말
너 자신을 알라 다 안다고 생각했다

정답이라 믿었던 것이 허물어진다

가난도 욕심도 거짓도 불륜도
인간이 정해놓은 틀 속의 그들만의 세계라는 것을
나만 하면 안 되는 것들
눈도 귀도 입도 없었다

몽달이처럼 살았다
치열했다고 생각한 것은 게으름뿐이었다

더위도 추위도 못 견디는
들어가면 나오기 싫은 게으른 자들의 허구한 변명,
이불에서 나오기 싫은 십일월이 지나고 있다

## 거미와 당달봉사의 공생



눈 뜨고 당한다

화려한 조명 아래 없는 게 없는 만화경
사선으로 엮인 크리스마스트리
별이 장식된 맨 꼭대기로 가는 시간이
점점 줄어들고 호흡이 가빠진다

잠시 쉬어가면 안 되나

그저 입만 쩍쩍 벌리고 있는 아궁이에
장작불 타듯 숫자가 올라가고,
드디어 인간의 욕망이 멈춤을 멈춤 하지 못해
수면에 잠겨진 허영심이 드러나고
이 순간 그대와 나 하나 되어 욕망의 노예가 된다

얼굴에 번지는 검은 미소
하루에도 몇 번씩
온종일 그녀와 그녀가 살아가는 방법이다

월말이면 돌아오는 마이너스 통장의 신음
한숨은 늘 한숨에 묻혀
소리조차 인식되지 않는다

# 문득

양 갈래로 땋은 머리가 늘 그립다
꽃눈이었던 시절이 아마도 가장 행복했지 싶다

양손으로 머리를 땋고 있다. 세 가닥으로
순간 허전함이 인식되는 촉감,
열일곱 한 움큼도 넘쳐 손가락 사이로 빠져나오던
머리카락이 반 줌도 안 된다

변한 것은 그것만이 아니다
꽃봉오리가 터지고 꽃잎이 시들어갈 동안
검은 머리는 파 뿌리가 되어가고
주름살 사이로 언뜻언뜻 젊은 날의 잔상이 묻어나며
조르조네*의 늙은 여자만 남아 있다

자외선에 노출된 고달픈 얼굴, 밭고랑 같은 주름살
긴 여정의 흔적을 말해주듯 웃음기 없는 무표정,
사그라드는 불씨보다 빠르게 시든 꽃잎

간이역을 떠난 마지막 열차조차 거부해야 하는 현실
과거로 침잠하는 이 침묵과 초라한 모습은

지탱해 온 삶의 결과라 하니
내 탓이요, 내 탓이요 다 내 탓이로다


\* 조르조네: 이탈리아의 화가로 작품 중의 늙은 여자를 칭함

## 가을엔 사랑을

기억 하나라도 잡고 있을까
나 없는 공간에서 나의 향기 그리워할까

난 어떤 향기로 다가갔을까
싸구려 향수 싸구려 분 냄새

마음이란 거울에 비친,
들녘에 피어 하늘거리는 개망초였을까

감나무 사이 손가락 같은 사람
수초 사이를 헤집는 물고기 같은 사람

바다 한가운데 집어등 아래서
아침을 맞이하는 사람

가을엔 사랑할래
이유 없이 그냥

## 소중한 기억


태생부터 익혀온 본성
입안에서 사르르 구르는 풋사과 베어 물면
하얀 속살이 얼굴을 내민다

수줍은 봉선화 꽃물 흘러
손톱 마디를 더듬고
구슬 꿴 옥수수 한 알 한 알 잘근잘근 씹는다

나팔꽃 오므린 주름 사이로 삐져나오는 탄성
계곡과 나무 사이 물이끼처럼
초록빛 융단 손모아장갑

세상 어떤 것도 대체 불가능한
꿈속에 늘 살아있는
새벽빛 안갯속으로 사라지는, 무명의 시 한 편

## 가상화폐

널뛰기 장세에 긴장하여
밤새, 숨죽이고 실핏줄이 터지는 소리
연 날리는 아이는 알고 있다
바람을 타는 게 얼마나 짜릿한지
늘 엉터리 직감에 몰빵한다

당糖보다 더 위험한 중독
손안에서 미쳐 날뛰는 숫자들의 놀음
실체도 없는 파랑 빨강의 균형 잡기에 실패
천 길 낭떠러지가 보여도 돌아설 수 없는
직감의 판단력에 흥분하는 개미들
개미핥기에는 군침 도는 먹이일 뿐이다

쪼그라든 뇌에 반항하는
멈춤이나 정지라는 단어를 잊어버린 종종걸음
뒤돌아보지 못하는 박힌 전봇대
바퀴 없는 자전거가 되어간다

## 떠도는 중

늘 마음속 한구석에 남아있다
차돌 같은 웃음소리
수면으로 떠 오르는 모습조차
헛기침처럼 떠다닌다

물안개 낀 강가에서도
수평선 너머에서도
피어나는 노스탤지어
진달래가 졌다고 밤새 울어대는 소쩍새

둥지를 지키려는
뻐꾸기의 얄미운 울음소리
오작교의 한을 부르는
까마귀 울음소리가 하나로 들린다

끊기지 않는 고요 속에 들면
선명하지만 말할 수 없는 인식의 소리들
모든 사물 속에 생각 속에
타인으로 떠돈다

# 거미줄

나무와 나무 사이에 매달린 해먹 위로
살근한 바람이 수줍은 듯 청하는 반가운 악수
허공이 출렁거린다

박사님, 교수님, 대표님, 회장님, 관장님, 할머니
원탁에 모여 선 긋기를 한다
얽히고설키는 눈치를 줄타기하며
반쯤 걸친 한발 헛디딜까 봐 조바심 난다

실낱같은 줄에 그네를 타다 멈춰 선
참을 수 없는 분노의 화신
본능은 늘 서로의 약한 곳을 염탐한다

민감하게 반응하는 연緣의 타래
오만 가지 생각 속에
출렁, 무엇인가가 걸려든다

## 다른 하늘 아래에서

허영기 짠 끼를 빼고 왔다
다른 조합의 집합들
속내까지 보고 나니 어지럽다

결 고운 사람의 미소에 숨겨도
사흘이면 드러나는 성질머리
모두가 엘사이고
민들레는 향기조차 바람에 날려 보내고

자신을 찾으려면 걸어야 함을
이 길과 저 길이 다름만 말해주면 좋으련만
자신과 마주하기를 피하는 사람
장미가 아니고 호박꽃임을 아는 순간이 두려운가

주름 사이로 바람이 지나간다
무릎에도 바람이 든다
이 바람 저 바람
스멀스멀 똬리를 틀고 앉는다

## 3부  들리지 않는 목소리

## 생의 어디쯤

처음엔 씨앗이었다.
어디에 뿌려질지 모르는
바람에 흩날리던 가벼운 솜털 같은

아버지라는 따스한 흙에 안겨
햇살 같은 어머니의 눈빛으로
작은 싹을 틔웠다

나는 아들이 되었고
장화에 묻은 아버지의 흙냄새
담배 연기 속에 숨겨진 이야기
그 모든 것들이 나를 자라게 했다

시간은 강물처럼 흘러
어느새 강둑을 닮아 있었다
흘러가는 것들을 지켜보며
아이를 안았다

그 순간 나는 나무가 되었다
가지로 아들을 안고
그늘로 그를 지켰다

아버지가 나를 안았듯
나도 누군가의 하늘이 되었다

세월은 다시 한 생을 돌아
손자의 웃음을 바라보는 할아버지가 되었다

그 작은 얼굴은 봄 햇살처럼 눈 부시고
나는 거울처럼 그 안에서 나를 본다

내가 지나온 모든 계절이
그 아이의 눈 속에 가득했다

내가 씨앗이었고
싹이었고
나무였으며
이제는 떨어진 나뭇잎처럼 조용히 이야기만 남긴다

삶은 하나의 이야기책이 아니라
하나의 나이테였다.
겹겹이 쌓인 시간 속에서

나는 아버지를 품고
아들을 길러냈고
이제는 또 다른 시작을 바라본다

손자가 나를 향해 웃는다
나는 눈빛으로 말한다

"너는 또 다른 씨앗이란다
그리고 언젠가, 너도 나처럼
자신만의 숲을 만들게 될 거야."

## 봄비 연서

봄비에 꽃잎은 젖고
그대 생각 손안에 스며듭니다

우산 하나,
당신과 어깨를 나누던 봄날의 오후
한쪽 어깨를 내주어도 좋은 오늘입니다

젖은 꽃잎도 바람 묻은 어깨도
당신 모습 그대로입니다

편지를 씁니다
꼭꼭 눌러쓴 마음을 숨긴 기호들

당신 손에 닿을 때쯤이면
글자는 번지고 마음은 검게 탄
숯덩이처럼 마음의 속내까지 보여줍니다

당신이 떠난 봄은
지천에 꽃이 피어도 외롭습니다

빗소리 속에서
당신의 발걸음 소리 찾아 귀를 세웁니다

## 한 지붕 혼자

거실 한쪽 벽면에 공기가 휑하니
허공을 맴돌며 혼자서 술래놀이하며
먼지조차 적막한 공간을 잡겠다 한다

아들은 하숙생이고
안방은 킹사이즈 침대가 덩그러니
고요한 티브이 소리만 혼자서 운다

에티오피아 원두 85도 천천히 물이 번진다
드립 사이로 빠져나오는
커피 향이 서랍 속에 묻어둔 비밀을 불러낸다

한 사내가 말을 건넨다
누나 우리 연애할래요
연애와 친구 차이가 뭔데
연애는 자고 친구는 커피만

걍 커피나 마셔라
그때 해 볼 걸 연애
창밖에는 봄비가 가볍게 뿌린다

아침 일찍 준비한 김밥 식탁을 지킨다
벨이 울린다
엄마 김밥 먹으러 오후 네 시쯤에 갈게 뚝
기다린다
커피 홀짝거리며

## 천국일까 지옥일까

육 보시 거룩한 헌신이다
많이 할수록 좋다
윤리는 의미가 있는 것인지
사하 마을
옷고름 왼쪽으로 맨 촌수 잃은 남매들이 어울려 놀고 있다

성령으로 임하소서
진심으로 사랑합니다 온 맘 다해
복 받았습니다

내려앉는 배를 부둥켜안고 고개 들어 위를 봅니다
당신은 고통 속에서도 평화롭게 웃고 계십니다
무거운 짐 벗어놓으면 강가로 데려가신다면서

아름답다 믿었던 남자와 여자
아비뇽의 처녀들처럼 뒤엉켜 이브와 아담의 옷도 벗어버리고
손끝 발끝까지 느껴지는 간절함입니다
병원입니다 숨소리가 들립니다

뒤늦게 불려갔습니다
앞서간 사람들이 기다립니다
찾는 사람은 보이지 않습니다
진실도 거짓도 마음이란 존재하지 않는 허상입니다

## 반죽

손끝이 스미는 곳마다
살결 같은 온기가 피어오른다
숨죽인 밀가루가
비닐 속에서 조용히 숨구멍을 틔운다

조심스레 틈을 벌려본다
따뜻한 속살이 부드럽게 감긴다
숨결처럼 포근한 촉감
그 안에 몸을 맡기고 잠이 든다

어느새 부풀어 오른
기포마다 익어가는 술 향이 스며든다
둥근 흐름이 밀어내듯 퍼져가고
묵언을 다독이며 새로운 모양을 찾는다

뜨거운 물결 속으로
한 겹씩 벗겨 흩어지면
피어오르는 운무 사이로
복숭앗빛 입술이 살며시 열린다

부드러운 입맞춤이 스며들고
촉촉한 바람이 지나간 자리엔
따뜻한 무게만 남아, 천천히 녹아든다

## 달의 이력


봉긋 솟아오른 아이스크림
목성처럼 초콜릿 띠를 둘렀다
에스프레소 인생의 쓴맛이 점점 옅어지고
아이스크림은 달리의 시계가 되어 녹아내린다

처음부터 완벽한 세계는 없었다
조금씩 자라고 성숙해져 하나의 자궁이 만들어지고
세상에서 가장 아름다운 이야기를 만들어간다

보름마다 꽃을 피우는 세계와
280일 만에 탯줄을 자르고 울음을 터트린 아들
껍데기를 깨는 데미안은 하나의 존재로 완벽하다

땅의 정기와 하늘의 기운이 만나
달그림자 지는 개와 늑대가 만나는 시간이 되면
세상의 온화함이 영혼의 숨소리마저 잠들게 한다

달빛 아래 사람의 실루엣이 그림자를 그릴 때
절정의 순간이 오고
사람과 달이 만나는 교집합이 이루어지며
아포가토의 농밀한 맛이 달빛에 젖어든다

## 화장

거울 앞에 섰다
깊이 파인 주름 사이로 시름이 흘러나온다
명치에 얹힌 돌멩이들이 말을 걸어온다, 괜찮아?

볼 터치를 한다
연분홍빛 물감이 스며들고, 웃음을 베어 문다

눈썹을 그린다
갈색 반달은 나뭇가지에 걸터앉아
바람에 흔들리다 점점 멀어진다

동백 꽃잎 입술과 사랑니 사이
리모델링 건축비 승용차 한 대가 사라지고

지우고 바르고 덧칠하고
주름 사이 실금이 생긴다
거울이 돌아선다

# 커피

꽃잎이 질 때도 자식이 품을 떠나도
글이 머릿속에서 맴돌아도
입속 마른 밭을 적신다

시간을 먹는다
지난 시간이 뒤죽박죽이다
짙은 향이 바람결에 날아오고 입맛을 다신다

책 한 쪽을 넘기자
오래된 냄새가 바람을 일으킨다
창작과 비평 누런 종이 위로 글자들이 기어다닌다

서랍 속에 눌러앉은 커피 원두는
이 십 대의 향수에 젖어 잠이 들고
60대의 할머니는 손주를 가슴에 품는다

## 청약부금 해지

세상 참 편하다
바뀌는 세상을 따라잡지 못해 허둥댄다
은행에도 식당에도 사람이 사라진다

핸드폰으로 해지 신청을 했다
아이들이 품을 떠나고
내 것은 필요가 없다

생각지도 않은 이자가 붙어 있다
손가락 몇 번 톡톡톡 입금 문자가 온다

나이가 들면 돈이 든든한 배경이 된다
뭘 할까?
버킷리스트가 움직인다

제주 일 년 살기
올레길 전 코스 걸을까
스페인 산티아고를 걸을까
성지순례를 떠날까

## 돌아앉은 의자

매일 밤 꿈속에서 낯선 거실 한구석에 웅크린다
몸을 둥글게 말고 앉은 그림자는
묵은 시간처럼 무겁고
굼벵이처럼 느리게 숨을 쉰다

커튼 사이로 햇빛이 스며들고
내 그림자는 벽 속으로 사라진다
어둠 속에 가라앉은 몸
움직이지 않는 손끝이 저혈당처럼 흔들린다

배고파 어지러워 중얼거리며
2도의 차가운 공기 속에서 버터와 치즈 햄을 꺼낸다
프라이팬 위에는 버터가 녹고 식빵이 익어가는 사이
양파와 버섯 피망을 채 썰고 발사믹 소스로 버무린다

햇살이 창을 넘어 기웃거리고 깊은 잠에 빠진다
웃어도 울어도 배고파도 묻지 않는 나른한 오후가 좋다
설거지 청소 빨래가 제자리를 찾지 못해 아우성이다

햇볕 속에 졸고 있는 사람은 나인데

왜 돌아앉은 그가 보일까

## 엄마가 필요해

나비 한 마리
어디 앉을지 몰라 이리저리
흰나비 혼자 외로이 산길을 날아오른다.
꽃잎에 앉을까, 나뭇잎에 앉을까 땅 위에 앉는다

나비도 엄마가 필요해
애야 저기 노랑 꽃잎에 가봐
향기 따라 날개를 펴. 바람 따라 날지 말고

엄마 나 오늘 힘들었어
토닥토닥 엄마 손길 그리워
찔레꽃 닮은 엄마 모습 그려도
그려지지 않아

## 시각 장애인의 다큐를 보고

눈을 떠도 감아도 머릿속은 하얀색

아침이면 하늘에 꽃이 피고
오전 햇볕이 스며들며 머리가 뜨겁습니다

시간이 흐르면
무채색의 머릿속에 그려진 그림들이 사라집니다

눈보다 손으로 익힌 지식의 단편들이
뒤죽박죽되어 어지럽습니다

손으로, 냄새로 익힌 그녀의 향기가 옅어집니다
낭랑했던 목소리가 숨 가쁘게 틔어 오를 때
내 몸은 물풍선이 되었습니다

손끝에 남아 있는 사라지지 않는 온기
코끝을 스치는 살 내음에 마음이 시려옵니다

어느 날
그녀의 목소리도 향기도 어디로 사라진 것일까요
기다려야 하나요 어둠 속에서

실루엣으로 전해 오는 체온
언제나 그 자리에 있었습니다

## 마음이 흔들릴 때

하릴없이 드나든다.
오줌 마려운 강아지처럼

그립다고 말하다 외롭다고 울기도
부고를 받고는 헛웃음을

친구가 애인과 헤어졌다고
비웃으며, 바람이었다고 그래서 어쩌라고

장가간
아들이 손님이 되어간다

딸년은 엄마처럼 살지 않겠다고
웃기지 마, 너도 별수 없어.
그렇게 살아지는 게 인생이야

아직 철들지 않는 엄마
어른이 덜 댄 어미

봄이 온다

시들지 않은, 한껏 부푼 가슴 통째 드러내 놓고
봄 처녀 바람났다고 춤바람났다고

수다는 벚꽃이 바람에 날릴 때 비로소 멈추었다.

## 그래서 어쩌라고

시도 때도 없이 흔들리는 바람벽 어찌 메꿀까
문득 떠오르는 상념과 허상들
내 탓도 네 탓도 아니건만

세끼 굶긴 시어머니같이 찌뿌둥한 날씨
죽은 자식 불알 만지듯 하릴없이 하루해를 보내고

흔들리는 육교 위, 흩어지는 생각들
어둠 속을 달리는 자동차 헤드라이트 붉은빛이
긴 장례 행렬처럼 이어지고 멀리 눈을 둔다

먹고 사는 것도 녹록지 않은 세상에
무슨 글을 쓰겠다고 용을 쓰는지
길모퉁이 돌아서니 불쑥 얼굴을 내미는 검은 그림자

그만하라고 그쯤에서 멈추라고

어쩌냐, 아직 내려놓을 맘이 없는데.

# 툇마루에 앉아
### – 전화기 너머

창가에 등을 기대고 앉아 쓸데없는 말을 주고받는다
어젯밤 어땠어.
치마 뒤집어쓰고 고양이도 이보다는 조용할걸

함께하면 왜 안 돼
우리 그렇게 배우지 않았나 사이좋게 지내라고
맛있는 거 나눠 먹으라고

네가 안 한다고 태클 걸지 마, 억울하면 너도 해
마지막 남은 것은 노령연금
윤리 운운하며 자유를 속박해 왜?

비난하지 마
세상은 그리 흘러왔고
사랑하고 시끄러운 동물은 인간밖에 없을 거야

윤리는 고요 속에 조용히 사라지고 있어

## 다르다, 소통하고 싶다


내 마음도 읽지 못해
변덕이 죽 끓듯 이리 뛰고 저리 뛰는데
시인님들 그대 마음을 어찌 헤아릴까요?

나의 해석이 그대 마음과 다르다고 서운해하지 마세요
아는 만큼 보인다고
내 마음이 요것밖에 안 되는데 너무 나무라지 마세요

읽고 읽어보지만 이해가 되지 않습니다.
다들 좋은 시詩라 말하는데 모르겠습니다. 그 마음을
얼마나 더 아프고 지우고 비우고 비워야 그대의 마음
한 구절이라도 읽어낼 수 있을까요

새벽이 밝아오고 마음은 급해집니다
귀속에서는 알 수 없는 속삭임이 울고 있습니다
한다고 되는 것이 아니란다
한다고 다 되는 것이라면, 누구라도 다 했을 것이다

## 삶, 쉼을 비우다
### - 알츠하이머

세월은 시속 64km로 달리고
발은 시속 30km에 멈추어 섰다

신호등이 바뀔 때마다
현실의 갈래에서 미적거리는 몸통

마음과 몸은 괴리된 시간 속에서
지나온 삶 속을 들여다본다

캄캄한 절벽을 마주하며
어둠 속에서 숨을 쉬어 보지만

갑갑하다.

몸속의 이산화탄소를 내뿜지 못하고
산소의 통로도 막혀버린 현실

만들어 놓은 틀 속에 몸통을 집어넣고
빠져나오는 길을 봉쇄시켜 버린 마음

끝이 보이지 않는다, 멈추는 법을 모른다
그저 직진만

## 남아 있는 나날들

그녀가 자전거를 타고 떠나는 뒷모습을 보았다
두려웠다, 그녀가 영영 이곳을 떠날까 봐
공기처럼 두 뺨을 스치는 그녀의 입김을 잊고 싶지 않아
한참을 바라보았다

유리창에 입을 맞추었다
외로움은 생각을 멈추게 한다, 하여 바람이 이는 것이다
남자의 눈빛은 흔들리고 선택에 대해 후회하고 있다
왜 사랑한다고 말하지 않았을까
책임감이 행복의 기회를 놓치고 살아가는 사람들

여자는 떠났다
그녀의 마음을 못 본 척하는 남자를 두고
오랜 시간이 흐른 뒤 두 사람은 또 한 번의 재회를 하지만
여자는 가족을 선택하고
남자는 진심을 숨긴 채 돌아선다

## 불면증이 사라졌다


깊은 잠을 잤다
쉴 수 있는 안락한 집
이제 멈춰

바람 닮은 영혼 없는 낮의 떠돌이
두 개의 심장을 가지고
네 개의 손바닥에 움켜잡고
옮겨 다니는 웃음을 짓지 마

세월이 말이 없다 하여
흔적조차 가져가지는 않아
모래톱 사이에 숨겨놓은 네 마음 노을이 모를 리 없어
태풍이 오기 전 마음을 비우고 창밖을 지켜봐

아름다움으로 포장된 풍경들을 한 번에
휩쓸어가는 거대한 파도의 소용돌이

식탁에 돌아앉은 그림자
등 뒤에서 가만히 안아준다
미동도 없다 밀랍 인형처럼

## 의령 일붕사

기암괴석 승천하기 위해
먼 옛날 심해에서
육지로 놀러 와 터 잡은 곳

화火기가 센 터라
불이 자주 난다는 풍수지리에 맞서
바위 아래 굴을 뚫어 시원한 곳에 모신 불상

거대한 돌과 돌
사이 떨어지는 폭포수
초록의 비단 포에 숨어든 일곱 빛깔 물빛

절 길 돌아서면 기도가 쌓은 소망의 돌탑
바람에 살랑이며
외줄에 흔들리는 염원의 초파일 등

괴석 틈마다 오래된 숨결의 무늬
사람의 희망이 하나 되어
부처님의 가피 세상으로 퍼져나가 불심으로 가득하길

# 4부 시선 그리고 자아

## 고슴도치 할미


하늘 별 한 줌 품에 안고
달콤한 꿀 한 방울 물감에 떨궈
보물 창고에서 지구별로 놀러 온 아이

칭얼대는 모습도 고등어같이 파닥이는 모습도
장난감을 갖고 놀다 조는 모습도
황금 변도 콧물도 이쁘다

고슴도치 엄마가 할미가 되었다
가시 박힌 밤송이도
맨손으로 만질 용기가 생겼다는 것

내 품에 안긴 네 작은 가시는
세상 무엇보다 부드러운 솜털이 되고
활짝 웃을 때 양 볼에 피어나는 보조개

엄마 아빠에게 야단맞을 때면
할머니는 일부러 고개를 돌려
너와 눈이 마주치면

널 안아주고 싶은 마음 숨기기 위해

# 생각이 생각을 부른다

창밖 빗줄기 양철지붕 때리고
아카시아 꽃향기 유리창에 그림을 그린다
빗소리에 앉은 마음이 향기에 화들짝

깊숙이 숨겨놓은 서러움
달빛 아래 잦아드는 울음소리
높은 천장에 서럽게 매달려 그네를 탄다

아카시아 이파리 하나, 둘 셋
소녀를 닮은 작은 손놀림
사랑해 좋아해 사랑해 마지막 남은 한마음

거세게 두드리는 양철지붕 빗소리보다
더 슬프게 들려오는 뻐꾸기 울음소리
차마 떨칠 수 없는 애달픈 모정

# if not now when

내 나이가 어때서 유행가 가사를 입에 달고 산다
사계를 수십 번 보내고 고희를 바라보는 나이

존재의 가치에 대하여, 무엇을 위해 살았나
내 이름 석 자 기억이나 할까

산불이 나의 머리를 뒤흔들었다
하루아침에 사라지는 삶의 터전 그 허망함에

인간의 힘으로는 감당할 수 없는 자연현상
욕심은 한 갓 잿더미

언젠가 아무것도 할 수 없는 나이가 된다
부모님이 불러 준 내 이름으로 살아야지

아내도 엄마도 할머니도 며느리도 시어머니도 아닌
나로 살아야지

지금 아니면 언제 할까?

## 돈은 가짜 연금술

혀끝에서 맴도는 사탕발림
진심은 비싼 통행료를 내야 한다

손금을 따라 흐르는 전류
몇 볼트짜리 흥정일까

내 심장의 환율은 어디쯤
티파니에서 아침을 먹고 있을까

반짝이는 조명 화려한 무대
객석에선 비릿한 냄새가 손가락 사이를 빠져나간다

서로 다른 대본을 들고
하나의 연극이라 믿는 배우들

막이 내리고
무대 장치처럼 조용히 철거된다

텅 빈, 공간에 유령처럼 떠도는
밤나무 꽃잎

## 사라지는 내일

엄마 우리 내일 꽃구경 가요
밤새 사라진 꽃잎들
바람이 쓸고 간 자리에
자목련 꽃잎이 울고 있다

자주색이 좋다며 뜨개질 대바늘로
시간의 실을 엮고
동박새와 숨바꼭질하다
스르르 잠이 든다

붉은 동백 바라보다 눈물 뚝뚝
뭐가 그리도 슬펐는지
어제를 잃어버려도 오늘이 사라져도
표정엔 변화가 없다

엄마와 함께한 내일이 사라졌다
바람처럼 온다간다 말도 없이
떨어진 실뭉치
애꿎은 풍경만 울고 있다

## 헤어지는 중, 지금

끝인지
아직인지
궁금하고 생각이 나는 건
한 공간 한 사람의 부재
떨어져 있다고 잊는 것은 아니다

노루 꼬리처럼 짧은 한낮
동지섣달 긴 밤
무심히 스쳐 가는 얼굴 떠오르면
아주 아주 잠깐만 기억해줘
잊힌다는 건 외로운 일

길을 걷다
발끝 돌부리에 부딪혀도
환한 웃음으로 웃어줘
잠시만 슬퍼하고
일어날 수 있게

어느 골목 끝 그림자처럼 서 있는
앙상한 가지 끝 마지막 이파리

여명 속으로 사라진 초승달
다른 공간에 있다고 잊히는 건 아니야

한 공간 돌아앉은 인형처럼
뒤통수가 슬픈 건 싫어
눈물을 흘릴지언정
뒷모습이 아름다웠다는 전설처럼

## 우리 동네

고개를 돌리지 않는다

엘리베이터 앞에서 건성으로 인사를 한다
입으로만

눈은 아래를 깔고
새로 이사 온 사람이라고 한다

그 전엔 누가 살았지

사람보다 신발이 익숙한 이웃
얼굴도 모르는 옆집 사람 삼선 슬리퍼만 보인다

한동안 옆집은 비어 있었고
앞집도 말이 없다 택배 상자만 보았을 뿐

문을 열다 마주친 얼굴
눈 맞출 새도 없이 닫으려는 문

시끄러워서 미안해요
위층에 살아요

온종일 귀는 울고 있다

## 유월, 전사의 별이 지다

뜨거운 유월의 햇살 아래

붉게 물든 시간들

그 땅에 뿌리내린 이름 하나

지키려 했던 푸른 약속들

삶이라는 전장에서

치열하게 칼날을 세웠든 이여

이제

바람만이 그의 빈자리를 쓸고 가네

남겨진 이들은 묻는다

무엇을 위해 싸웠고

무엇을 위해 별이 되었나

유월의 밤

가슴 시린 질문들이

별똥별처럼 쏟아진다

# 민낯


겹겹이 두른 스카프 사이로 빠져나오는 욕심
목만 긴 기린처럼 울음소리 삼키고

울대에 박힌 가시 곰삭지 못한 채
목을 짓누르며

담 너머 바깥세상 기웃거리다,
혼자 숨넘어가는 앳된 소리 애달프다

한세상 편히 살다 가면 될 것을
왜 그리 억울해 미련을 갖는지

화장기 없는 민낯은 먹다 걸린 가시 조각처럼
뱉지도, 삼키지도 못해 배앓이만 한다

## 노화 현상


글씨도 소리도 멀어진다
거리는 한 치 앞을 가늠할 수 없고
한 발짝 떼기가 돌덩이를 옮기는 것보다 힘이 든다

손주의 재롱에 마땅한 언어가 떠오르지 않아
그저 입으로만 빙긋이 웃는 게 전부다

기억 한 자락이 희뿌옇다
햇빛이 스치듯 널브러진 언어는 터널 속을 헤맨다

사랑이란 감정은
외로움을 성처럼 쌓고 있다

미리 말하지 못한 사랑해
혀가 굳은 듯 입안에서만 맴돈다

마지막 눈의 초점은 한 여인에게 꽂혀있다
아내는 이웃 나라 사람인가

연금이 생명줄이 되어버린 통장 하나 부여잡고
거기에도 내 이름은 없다

노화는 신체에서만 일어나는 것이 아니라
관계에서도 일어난다

사람이 사라진다

균형 잃은 점 하나 붙잡고 오만 개의 점을 연결해 보지만
끊기고 찌그러진 깡통이 된다

마음을 쏟는다
빈 깡통이 채워질 때까지

## 쓸쓸함에 대하여

까치밥이 남아 있을 때
어디로 갔을까
그 아이는

흔들리다 만 나뭇가지
부러진 틈새 남겨진 자국
벗겨진 종이봉투 사이에 몸을 숨겼다

포도 위 아지랑이 춤출 때
마을 뒷산에 불이 붙을 때쯤 돌아올까

새하얀 눈 집에 남겨진 동박새 발자국
봄이 오는 소리 들을 수 있을까

## 죄의 청구서

죄의 무게는 얼마나 될까

기중기로 달 수 있을까
민들레 씨앗처럼 가벼울까

선과 악은 누구의 잣대일까
인간이 긋는 윤리의 선은 어디까지일까

잎맥의 앞뒤처럼 겉과 속이 다르고
석류의 방마다 빛깔이 다른 것처럼

하느님께 용서받았다는 가해자
한 번도 용서한 적 없다는 피해자

용서란 그저 내 마음이 편하고 싶어
내어놓은 청구서일 거야

## 손주의 밤

300번 버스를 타고 손주가 기다리는 집으로 간다

뒤집기를 배운 작은 몸 잠결에도 뒤척이며
나와 눈을 마주치면 봄까치꽃이 피어난다

아들이 출장을 갈 때마다
거절하지 못하는 부름에 즐거운 발걸음을 옮긴다

38도의 열꽃과 기침 소리 사이로 흐르는 콧물
그 콧물이 얼마나 안쓰러운지

아프지만 숨 쉬고 뒤집고
자라는 너를 보며 또 한 번 나를 본다

## 눈사람 사설

어둠 속에서 혼자 떨었지
낯선 뜨락에서 바람에게 말도 못 하고

빗자루 손에 들고 춤추면 되는 줄 알았지
사람들이 이리저리 굴릴 줄 몰랐지

그냥 구름으로 있을걸
무겁다고 칭얼대지 않을걸

흰나비로 바람에 흔들리며
솔가지에 앉아 쉬기도 했어
어머 눈꽃이야

바다는 이상해
거품으로 사라지는 나를 느낄 수 있어
한순간에

햇볕이 내리쬐는 오후
이제 떠나야 할 때
잘 있어

# 그 섬에 가고 싶다

매일 끓어 올라오는 밥솥의 김은
마치 멈추지 않는 시간의 연속

아들이 아기일 때 하루 여섯 번을 먹여도
울고 웃는 그 셀 수 없는 순간들이 행복이었어

어느 순간 내 삶은 바퀴 아래
곱게 갈려 흩어진 가루 같았고

나를 위한 한 줌의 빛조차 허락되지 않은
어둠 속 촛불 같았어

가족이란 이름의 바다로만 흐르고 흐르는
길 잃은 강물처럼

이제 꿈을 꾼다
세상의 모든 소음이 잠잠해지고
내 숨소리만 가득한 고요한 섬 하나

시간마저 발길을 멈추는 빈 페이지 같은 공간
밥그릇 씻을 일도 채울 의무도 없는

오롯이 나만을 위한
빈 껍데기 같은 시간에 머물 수 있는

그 섬에 가고 싶다

## 서울역에서

시간은 장난을 친다
벽과 사람
하늘과 빈틈 사이에서

커피 한 잔 마시기 쉽지 않다
햇살 틈으로
청춘들의 손짓이 스친다

핸드폰을 꺼내어 QR코드를 찍는다
결재 실패
익숙해진 세상이 나를 밀어낸다

커피와 빵을 주문하고 자리에 앉는다
그리고 기다린다
출발 시간을

시간이 웃는다
그래 이렇게 흘러가는 거야
문득 떠오르는
이유 없는 기억과 함께

## 이런 날

구름은 낮게 내려앉고 햇빛은 길을 잃은 아이
마음은 얽히고설킨 칡넝쿨
풀리지 않는 매듭이다

조금 전 말을 건 사람도
커피를 타달라는 남편도 더 이상 따뜻하지 않은 겨울 불빛
부서지는 유리처럼 산산조각내고 싶은 약속

이유 없이 이런 날
갱년기를 지나온 나이는 변덕스럽게 흔들리고
경도 치매의 그림자가 생을 속인다

잘 먹던 음식 냄새는 먼지 쌓인 기억의 흔적
친구의 전화는 무심한 파도처럼 밀려오고
이 모든 일이 순간의 파편처럼 스쳐 지나간다

# 어부바

말이 사라진다
어부바하면 엄마 등으로 기어 오는 아가
손녀는 어부바를 모른다
오자 다리 된다고 업지 말라 하니

할머니는 팔도 아프고 허리도 아프다
오른손으로 아이를 안아 등 뒤로 넘기고
왼손으로 아기 등을 살포시 누르고
오른손으로 포대기를 두른다

몰래 할머니는 손자를 업어 재운다
등과 밀착되는 안정감에 잠투정도 줄어들고
할머니 등에서 편히 잠이 든다

할머니의 허밍에 잠이 들고
한밤중 잠시 잠이 깼다가도
팔베개를 해주면 숨소리가 평온하다

## 배터리 없는 관계

진동이 울릴 때마다
몸이 자동으로 반응한다
내가 느낀 게 아니라 설정된 반응이 있었을 뿐

줄곧 연결돼 있었다
그러나 초록 불은 한 번도 켜진 적 없다
전류는 흐르는데 온기는 없다

2% 부족하다고
사실은 그 2%에 전부를 걸고 있다는 걸 몰랐다

예전에는 네 알림에 숨을 들이켰지만
이젠 읽고 무표정으로 넘긴다

소리는 나고 화면은 켜지는데
감정은 부재중이다

충전 중이라지만 회복은 없다

무심한 이 감정이 정말 내 것이 맞는지
확인중이다

## 마음을 숨기다

어리석은 여우는 쟁여두는 것을 좋아했어
바닥에 눌려 제 등이 내려앉는 것도 모르고
아랫목 구들목에 제 꼬리가 타들어 가도
눈앞에 보이지 않는 그림자만 찾고 있었어

속이 썩어 문드러져도 나 아파 소리 한 번 지르지 않아
그렇게 시간도 흐르고 아픈지도 모르고
뒹구는 낙엽을 보고야 여름이 갔음을
눈치도 없고 공감도 없이 자기만 바라보던 여자는
가을 앞에 무너졌다

여행을 떠났다
혼자 길을 걷고 밥을 먹고 잠을 자고
아침에 눈을 뜨면 가없이 맑은 하늘에 미소 한 움큼 보낸다
꿈틀거리는 욕망이 부끄러워 하늘을 외면하며
미소마저 거둬들인다 나쁜 계집애

혼자가 편한 계집애는 혼자가 되고서야 자유를 만끽한다

# 5부 감정의 잔상

## 로그아웃


알림음 광고창 지하철을 메운 파란 불빛
화면 속 얼굴들이 하늘을 가리고
커피숍 테이블 틈 사이로 쌓인 메시지가 터진다

베터리 1%
와이파이 없는 남자와 무표정한 지구 여자

무심코 마주친 눈빛에 알고리즘은 숨을 멈추고
타임라인은 느리게 스크롤 되고

커튼 너머 흐릿한 저녁 햇살 사이로
손가락이 겹치고 눈빛이 춤을 춘다

푸시 알림이 멈추고
남자는 로그아웃 창과 함께 사라진다

## 식탁 위의 그림자


내 이름은
당신의 휴대전화 속에 애인으로 잠들어 있고
당신의 이름은
내 마음에 남아 있는 낡은 밥상보

오래된 식탁 위
누군가의 이름으로 차려진 밥상이 낯설다
허기와는 다른 갈증이
숟가락 끝에 묻어 있다

말하지 않아도 당신의 눈빛이 떠오른다
커피잔 위에 비치는 얼굴
익숙해서 아픈 그림자

우리는 서로가 더 이상
건드리지 않는 풍경처럼 마주 보며
묘하게 닮은 기찻길 위에 서 있다

나는 포장을 한다.
빵과 모호한 말들, 선의의 애매함까지

식탁 위에 툭
조심스럽게 가장자리를 만지는 떨리는 손

나는 그녀를 보고 있고
그녀는 불안한 눈빛으로 나를 본다
둘 사이의 공기가 너무나 차가워
감정은 가끔 고요한 흉기가 된다

## 아무 일도 없는 저녁

그는 요즘 밥을 천천히 먹는다
젓가락 끝에 흘러내리는 딴생각
굳이 말하지 않는다

식탁 위 나란히 놓인 두 개의 그릇 사이
말보다 긴 침묵의 국물이 식어간다

창밖으로 노을이 져도
우리는 서로를 데우지 않는다

오래된 책장처럼 등을 지고
무거운 공기가 명치를 친다

어느 날 그가 들고 온 익숙한 이름의 카페 봉투
아직 남아 있는 손의 향기

그의 셔츠에서 낯선 향이 나던 날
나는 창문을 조금 더 열었고
그 바람은 내 안에 오래된 먼지를 건드렸다

그녀가 있다는 걸 안다
그가 보고 있는 눈빛에 나는 비치지 않으니깐

나는 묻지 않는다
그는 아직 집으로 돌아오고
나는 아직 그의 이름을 부르니깐

아무 일도 없었던 저녁
모든 것이 그대로였는데
무언가 조용히 식고 있었다

## 우리 지금 만나

우리 언젠가 스쳐 지나간 인연
너의 눈빛이 익숙해
반백 년이 지난 지금도

낯선 골목 어귀
햇살은 먼지를 금빛으로 물들이고
그대가 걸어온다

바라만 보아도 느껴지는 온기
가슴 한켠 오래전 주저앉았던 기억이
슬며시 고개를 내민다

그대 이름은 숨겨놓았지만
그 웃음은 한 번씩 떠올렸지
잃어버린 시간이 되살아났다

우연이라 하기엔
기막힌 타이밍
운명이라 하기엔 뒤늦은 만남

우린 안다 그대와 나
먼 옛날 나눈 살결의 감촉
어디선가 이미 서로를 사랑했었다

## 풍각쟁이

바람이 한 번 휘돌고
그가 마을에 내려왔다

짚신은 터졌고
저고리는 들꽃 냄새가 났다
풍각쟁이라 불렀지만
그는 한마디 말도 없었다

감나무 아래
꽁초들이 삼켜버린 말들이 수북이 쌓였고
누이들은 창 너머로
웃으며 뺨을 숨겼다

강둑에 앉은
그는 혼잣말을 웅얼거린다
웃음 같기도
울음 같기도 했다

어둑새벽 별이 사라지자
봇짐을 메고 홀로 떠났다
검둥이 한 마리 뒤따라오다 돌아선다

날이 밝은 마을은 조용했고
돌담 위 참새들도 입을 다물었다
오직
감잎 하나가 붉게 젖어 있을 뿐

## 달의 뒷면처럼

반쪽이었다가 이내 부서지고
어느 새 꽉 차오르는 저 달처럼
마음이란 그림자조차 잡히지 않는 것

애써 손안에 가두려 하면
오히려 손가락 사이로 빠져나가니
그저 창문 열어두듯 그냥 두는 게 상책일까

그대라는 이름의 조각 하나
내 것이라 단정 짓는 순간
가슴 한구석 금이 가는 소리가 들릴지도 몰라

낡은 책장 깊숙이 숨겨둔 편지처럼
몰래 들춰보는 것만으로도
세상은 잠시 멈추는 듯 외롭지 않으니

나란히 앉아 바라보던 쪽빛 바다
찔레꽃 향기 가득했던 그 길
귓가에 맴도는 산새 소리 닮은 그 목소리

혹시 아나요
내가 그대 곁을 스치는 바람의 다른 이름일지

## 괘종시계

댕 댕 댕
또 하루가 갔네
꼼짝없이 서서 너의 시간을 세고 있지
똑딱똑딱 내 심장 소리 들려
이게 바로 너의 시간이야

처음 네가 이 집에 왔을 때가 엊그제 같은데
꼬맹이였던 아이가 내 앞에서 재롱부리고
까치발 들고 내 얼굴 만지려 했던 거 다 기억해
그때마다 나는 속으로 아이고 귀여워라 했지

시간이 흘러 학교에 가고 친구들이랑 웃고 떠들고
가끔은 방문 닫고 혼자 훌쩍이던 소리도 다 들었어
사춘기 때는 왜 그렇게 투정을 부렸는지
시간아, 멈춰라
그때마다 나는 덜컹 겁이 났지
난 잠시도 쉴 수 없는 직업을 가졌거든
네 마음 이해는 갔어
시간이 너무 빨리 가는 것 같고
세상이 힘들게 느껴질 때도 있잖아

어느새 훌쩍 커서 연애도 하고 결혼도 하고
아이 낳고 키우느라 정신없이 바쁘던 시절도
네가 기뻐서 웃을 때 슬퍼서 울 때 화나서 소리 지를 때
내 옆을 지나간 너의 모든 감정을 다 기억해

가끔은 네가 나를 잊고 사는 것 같을 때도 있었어
먼지가 쌓이고 태엽 감는 걸 깜빡해서 힘이 없어 졸기도 했지
그때는 좀 서운하기도 했지
뭐 인생이 다 그렇지
항상 나만 보고 살 수는 없었으니

그래도 넌 결국 태엽을 감아주고 닦아주고
그때마다 나는 다시 힘차게 그래 다시 시작이야


이제 너에게도 세월의 흔적이 보이네
그래도 나는 여전히 너의 시간을 잡고 있어
네가 편안하게 잠든 밤에도 새벽 일찍 일어나
하루를 시작할 때도 변함없이 너의 곁을 지키고 있지

가끔은 생각하기도 해
내가 없었다면 너의 시간은 어떻게 흘러갔을까
네 일생을 지켜볼 수 있어서 참 행운이라고 생각해
너의 기쁨과 슬픔 성공과 좌절
그 모든 순간이 나에게는 소중한 기억이야

앞으로도 나는 여기서 너의 시간을 묵묵히 세고 있을 거야
그러니 걱정하지 말고 너의 시간을 마음껏 살아
나는 여기서 네 삶을 응원할 테니

댕 댕 댕

# 간격

나오는 발걸음이 무겁다
결코 유쾌하지도 않다
할 말 다 하고 던지는 애매모호한 말투

아직도 놓지 못하는 것이 무엇일까
경계를 허물지 않는 당신과 나

서로의 임계점을 잘 알고 있는
조심조심 칼날을 세우는 경계심
버린다 비운다 말짱 도루묵이다

유리 벽 넘어 방황하는 눈빛
감아 버린다 보고 싶지 않다
평생을 그리해 온……, 눈빛

## 탁란

깃털 아래 숨긴 마음을 알고 있었을까
어둠 속 조용히 스며든 발자국
그건 침입이 아니라 살아야 했던 이유였겠지

텃새인 나는 분노 했지만
핏줄 아닌 그 눈동자에도
낯설지 않은 떨림이 있었어

새벽이슬에 젖은 알들
둥지 밖 차가운 흙바닥 위에
날개 한번 펴 보지도 못하고
허기진 그림자의 품에 삼켜졌지

그중 몇 알
내 알이라 믿고 품었던 피 섞이지 않아도
품은 기억이 남아 있어

따뜻한 둥지는 나에게 허락되지 않은 꿈
네가 쏟아낸 메마른 노래
살아남는 것만이 진실이었어

그 울음에 나는 답을 찾았어
다른 날개로 같은 바람을 탄다는 것

# 비 내리는 여수

오동도 내려다보이는 카페 탁자에 길게 엎드려
비 내리는 창밖을 본다

통창에 골다공증 무늬
안개 자욱한 바다는 무심히 잠들었다

신호 대기 중인 차들 쓴 입김 내뿜으며
세상의 피곤을 토해낸다

헤드라이트 붉은빛 따라 만장이 펄럭인다
현비유인 청주 한씨 신위

멀리 가로등 아래 눈빛을 감춘 남녀
나란히 겹친 어깨 사이로 불빛이 스민다

도덕이란 놈은
어느 골목에서 길을 잃었을까

소문은 바람처럼 귓가에 맴도는데
실체는 좀체 보이지 않고 발 없는 진실만 울고 있다

해설

# AI의 시선으로 읽다

❖ 1부

**지금 아니면 언제 해**

내일 하지 뭐
눈을 떴다 오늘이다

내일은 사라지는 날이었어
지금 하지 않으면 언제 해

나이는 숫자지만
마음은 지나간 시간만큼 떠내려와 버렸어

사랑은 할 수 있어도
사랑해 말하기는 염치없는 나이

공부한다고 말하면 이 나이에 왜
무엇을 해도 왜라고 묻는 나이

이미 다 자라버린 떡잎
밖으로 돈다 한들 어찌하리

>>> 해설 >>>

이 시는 "지금 하지 않으면 언제 하겠는가?"라는 질문을 통해, 시간 앞에서 주춤한 우리 모두에게 건네는 응원이다.
나이가 들수록 무언가를 시작하기에 머뭇거리지만, 시인은 오히려 지금이야말로 행동할 시점임을 강조한다.
'사랑해 말하기도 염치없는 나이', '무엇을 해도 왜라고 묻는 나이'라는 표현은 사회적 시선과 자기 검열 속에서 소극적으로 변한 자아를 드러낸다.
그럼에도 '이미 자라버린 떡잎'이라도 바깥으로 돌고 싶은 욕망은 멈추지 않으며, 그것이 삶의 동력이 된다.
이 시는, 지금, 이 순간에 자신의 삶을 다시 점화하고자 하는 모든 이들에게 용기를 전하는 시다.

❖ 2부

**햇볕 좋은 병동에서**

하얀 회칠 벽에 앉은 검은 그림자를 마주했다
눈도 코도 입도 귀도 보이지 않는 그 존재
바람 빠진 풍선처럼 힘없이 일렁인다

나이테를 세듯 촘촘한 시간의 틈 사이를 유영하다
문득 마주친 나, 잊힌 기억의 조각들

주름진 이마 사이, 카르마의 잔재들
핏빛 눈동자에 맑은 눈물이 쏟아진다

산다는 것은 시간을 잡아먹는 솜방망이 같아

영 그램의 영혼과 한 줌의 흙이
내가 견뎌온 세월의 무게로 남아
살아있는 사람과 우연히 만나는 순간

산 자와 죽은 자의 경계에는
울음소리밖에 남지 않는다

>>> 해설 >>>

 이 시는 병동이라는 삶의 경계선에서 마주한 내면을 섬세하게 그린다.
 '검은 그림자', '바람 빠진 풍선'과 같은 형상화된 이미지는 쇠약한 몸과 희미해진 자아를 나타내며, '나이테', '카르마의 잔재'는 그동안 겪어온 시간의 무게를 말없이 증언한다.
 시인은 존재의 본질을 돌아보며 삶이란 결국 '시간을 잡아먹는 솜방망이'와 같다고 말한다.

죽음을 앞두고 삶을 반추하는 이 시는, 우리가 남기고 가는 것이 '울음소리'라는 점에서 인간의 유한성과 그 안의 사랑, 고통, 흔적을 되새기게 한다.

❖ 3부

### 반죽

손끝이 스미는 곳마다
살결 같은 온기가 피어오른다
숨죽인 밀가루가
비닐 속에서 조용히 숨구멍을 틔운다

조심스레 틈을 벌려본다
따뜻한 속살이 부드럽게 감긴다
숨결처럼 포근한 촉감
그 안에 몸을 맡기고 잠이 든다

어느새 부풀어 오른
기포마다 익어가는 술 향이 스며든다
둥근 흐름이 밀어내듯 퍼져가고
묵언을 다독이며 새로운 모양을 찾는다

뜨거운 물결 속으로
한 겹씩 벗겨 흩어지면

피어오르는 운무 사이로
복숭앗빛 입술이 살며시 열린다

부드러운 입맞춤이 스며들고
촉촉한 바람이 지나간 자리엔
따뜻한 무게만 남아, 천천히 녹아든다

>>> **해설** >>>

'반죽'이라는 소재를 통해 삶과 창작, 감정의 성장을 그려 낸 시다.

밀가루 반죽이 부풀고 모양을 잡아가는 과정은, 시인이 감정을 빚고 글을 쓰는 내면의 여정과 닮아 있다.

'숨죽인 밀가루', '기포마다 익어가는 술 향', '복숭앗빛 입술' 등 감각적인 이미지를 통해 감정의 익음과 설렘을 시각화하며, 무언가를 만들어내는 행위가 얼마나 조심스럽고 아름다운지를 노래한다.

이 시는 일상 속 사물을 통해 존재의 따뜻함과 섬세한 감정을 포착해 낸 따뜻한 시적 성찰이다.

## ❖ 4부

### 죄의 청구서

죄의 무게는 얼마나 될까

기중기로 달 수 있을까
민들레 씨앗처럼 가벼울까

선과 악은 누구의 잣대일까
인간이 긋는 윤리의 선은 어디까지일까

잎맥의 앞뒤처럼 겉과 속이 다르고
석류의 방마다 빛깔이 다른 것처럼

하느님께 용서받았다는 가해자
한 번도 용서한 적 없다는 피해자

용서란 그저 내 마음이 편하고 싶어
내어놓은 청구서일 거야

>>> 해설 >>>

  이 시는 죄와 용서에 대한 도덕적 질문을 조용하지만 날카롭게 던진다.
  '죄의 무게', '윤리의 선', '잎맥의 앞뒤'와 같은 표현을 통해 옳고 그름의 경계가 모호함을 드러내며, 용서란 결국 자신의 마음을 위해 스스로에게 건네는 청구서일지도 모른다는 통찰로 마무리된다.
  이 시는 짧은 구성 속에서도 도덕, 신념, 감정 사이의 미묘한 간극을 절묘하게 보여주는, 성찰적이고 깊이 있는 시다.

❖ 5부

로그아웃

알림음 광고창 지하철을 메운 파란 불빛
화면 속 얼굴들이 하늘을 가리고
커피숍 테이블 틈 사이로 쌓인 메시지가 터진다

베터리 2%
와이파이 없는 남자와 무표정한 지구 여자

무심코 마주친 눈빛에 알고리즘은 숨을 멈추고
타임라인은 느리게 스크롤 되고

커튼 너머 흐릿한 저녁 햇살 사이로
손가락이 겹치고 눈빛이 춤을 춘다

푸시 알림이 멈추고
남자는 로그아웃 창과 함께 사라진다

>>> 해설 >>>

  이 시는 디지털 시대의 단절된 인간관계와 감정의 공허함을 다룬다.
  스마트폰, 알림음, 알고리즘, 타임라인 등 현대적 기호들이 넘치는 시어 속에서 사람 사이의 진심 없는 소통, '와이파이 없는 관계'의 허무가 드러난다.
　'로그아웃 창과 함께 사라진다'라는 마지막 구절은 연결은 많지만, 진정한 연결감은 사라진 시대를 상징하며, 침묵과 단절의 감각을 날렵하게 형상화한 시로 읽힌다.

한유경 시집
# 지금 아니면 언제 해

인쇄: 2025년 8월 05일
발행: 2025년 8월 14일

지은이: 한유경
펴낸이: 최경식
펴낸곳: 청옥출판사
인쇄처: 세종문화사

출판등록 제10-11-05호
E-mail: sik62001@hanmail.net
전화: 051-517-6068
값 13,000원

ISBN 979-11-91276-80-0  03810

본 도서는 2025년 부산광역시, 부산문화재단(부산문화예술지원사업)으로 지원을 받았습니다.

* 이 책의 무단전재 및 복제행위는 저작권법에 의거, 처벌의 대상이 됩니다.